俺達は虫

不揮発性の
悪意の下で
這い回る蟷螂

こともたげる
より高く

れなお前等が
見えなくなるまで

# BLEACH 33 | THE BAD JOKE

KUBO TITE   JUMP COMICS

# STARS AND

ネル

ノイトラ

クロサキイチゴ

黒崎一護

★ plot

黒崎一護は、死神・朽木ルキアと出会い、虚退治を手伝う事に…。やがて一護は、尸魂界で、ルキアの処刑を阻止。その陰には虚の死神化を謀る藍染の陰謀があった‼ そして藍染は『破面』を率いて宣戦布告／ だが、一護達が決戦への準備を始めた矢先、織姫が虚圏へ…／ 救出を誓う一護は、ルキア達と本拠地・虚夜宮へ潜入するが、"十刃"との壮絶な戦いに、仲間達は次々と敗北。一護も致命傷を負うが、再会した織姫の治療で復活を遂げ、グリムジョーに挑まれた勝負を制す。しかしその直後、目の前に新たな敵が⁉

# BLEACH ALL

ザエルアポロ

石田雨竜

イシダウリュウ

アバライレンジ

阿散井恋次

# STORIES

# BLEACH 33

## THE BAD JOKE

## CONTENTS

## 287.Don't Forget Till You Die

何だ…

てめえは…？

十刃か…!?

…う…

何者だって
訊いてんだよ!!
答えろ!!

…てめぇ…

…ノイ…トラ…

何だよ

まだ
生きてんのか

…あ？

…何してんだ

てめえ？

こっちのセリフだ…

動けねえ奴になんで斬りかかってんだよ…！

はっ

目も当てられねえなァ グリムジョー!!

あァ!?

敵に敗けて

命まで守られてよォ!!

…………

…黒崎一護

名は何てんだ？ 死神

12

BLEACH287.Don't Forget Till You Die

16

悪りィ

名前忘れた

なんで逃げてるでヤンスか!?

当然だろ!

なんで〜〜〜!?

な…

僕等の目的は井上さんの救助だ
十刃を倒す事じゃない!

能力も使えないあの部屋であいつの帰りを待つ義理は無いさ

全くだ

ついでにルキアと

茶渡のヤローも助けなきゃなんなくなったみてえだしな！

…そうだね

…ともかく急ごう！

全てはここから出てからだ！

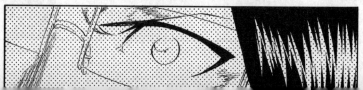

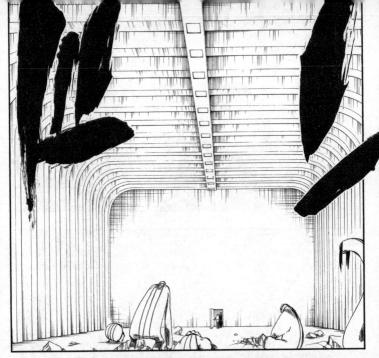

…なん…
…だと…？

…これは…！

散歩は
楽しかったかい？

おかえり

さて

そろそろ
第二幕と
いこうか

啜れ

わざわざ説明してやる程のことも無いとは思うが

一応話しておこう

この宮の中は僕自身の肉体のように思うがまま

全ての壁面にはカメラが埋め込まれ

全ての回廊は僕の意のままに組み替えられる

君達を残して部屋を出れば君達の逃げるのは開いた龍の口から蝿が逃げるくらいに当然のこと

その君達を走る回廊ごと移動させ最終的に元の部屋に戻るようにしただけの話さ

だから

そんな顔をするのは止してくれないか

「長い廊下を走り回って」

「長い階段を駆け上がって」

「辿り着いたのが元の部屋」なんて

「性質の悪い冗談だ」

とでも言いた気な顔は

そんな些細な事よりも——

**288. THE BAD JOKE**

君達のような
低劣種が

この僕を
これ程迄に
苛つかせ

あまつさえ
全力で戦わせようと
している…

その事の方が
余程──

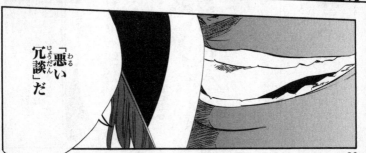

「悪い
冗談」だ

――啜れ

邪淫妃
フォルニカラス

…ア

…オ……

こいつは…!?

…何だ…

…な……

…お待たせして済まなかったね

いよいよ

お待ちかねの
第二幕の
開演だよ

——ああ

いや
済まない
訂正しよう

正しくは

いよいよ
第二幕の

何だ!?

知らないよ!!

うわああ
あ〜〜〜〜!!

避けろっ!!

何だか知らないが
全部かわすんだ!!

そ…
そう言われても…

こんなの
ムリでヤンス
〜〜〜〜!!

…さて

登場人物も出揃った

早速始めてもらおうか

見て解るだろうが自分と同じ能力を持った敵だ

半端な戦いは死を誘うぞ

…だがまあ

喜んでくれ

君達に一つ嬉しいお知らせだ

君達の能力を封じていたこの部屋の仕掛けを

"解除"しておいた

さあ

思う存分

自分自身・全力同士で

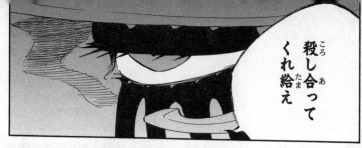

殺し合ってくれ給え

クははははははははははははははは！！！

くそ…ッ

確かに…

まるで禅問答だな

"敵と戦う前に自分と戦え"…か

**BLEACH 288.**

「悪い冗談」だ

# THE BAD JOKE

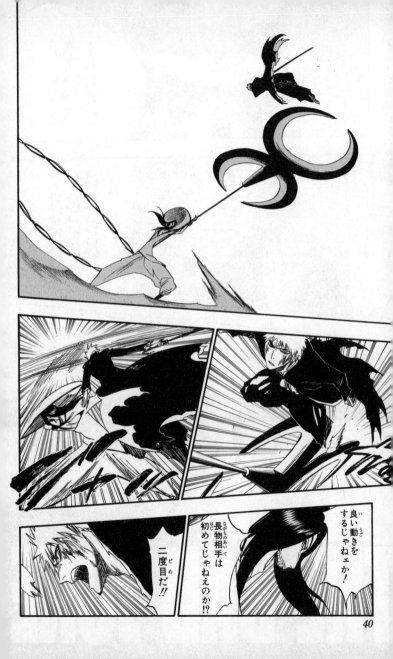

良い動きを
するじゃねェか！

長物相手は
初めてじゃねえのか!?

二度目だ!!

戦いだぜ

不平等が
当然だろうが

戦いってのは
元々

不平等と不寛容が
産み落とす怪物だ

あいつが
気に喰わねえ

あいつになら
勝てる

あいつが
許せねえ

あらゆる理由で
敵を作り

敵を作った
瞬間から

呼吸一つまで
戦いの内だ

敵の本拠の
ど真ん中で

あんだけハデに
戦って

誰にも狙われ
ねえなんて

悪い冗談だぜ
死神

来(こ)いよ

てめえとグリムジョーの戦いは頭(あたま)ッから見(み)てた

てめえの手(て)の内(うち)は全部知れてるがな

## 289. The Scarmask

289. The Scarmask

遅(お)せえ

貴女の能力は
絶大だが

それを構成する
「六花」という
霊子体は
ひどく脆い

僕でも容易く
破壊できます

貴女の
能力で

僕を倒そうなどと
思わない事です

それをしない
理由は一つ

貴女の能力は
"藍染様の所有物"
だからです

藍染様の
御命令は

"攻撃を
受けない限り
六花を破壊
してはならない"

攻撃すれば
破壊します

抵抗しないで
下さい

黒崎くん…!

そう言えば…

ネルちゃんが
いない…!

どうしました?

！

わう!!

ネルちゃん!

ゴロゴロゴロゴロゴ

…ネルちゃん…?

うう…

ううう…っ

やっぱりだ

その
仮面紋（エスティグマ）！

オイ！

割れた仮面は
疼くか？

どうだ？

随分と
見すぼらしく
なったモンだな
ええ!?

……う…

あうぅ…

…どういう事だよ…

てめえ…

ネルを知ってるのか…？

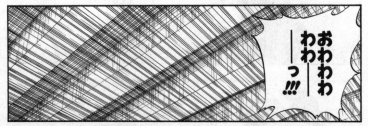

おわわわ──わわ──っ!!!

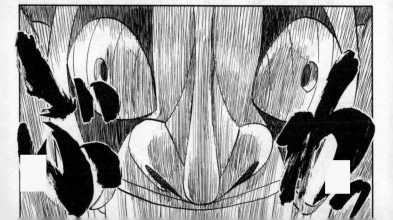

恐いでヤンス雨竜!!

うわあ!!

ひ…ひどいでヤンスよけるなんて!!

恐がってだきついてるんでヤンス!!うけとめてほしいでヤンス!!

ムチャ言うな!!

君の抱きつきは僕には攻撃にしか見えないんだよ!!

うわああ
ああああ
！！！

ほらみろ
攻撃じゃないかっ！！

必殺
「ドンドチャッカ・
プレス」を
かわすとは！！

おのれ！！

何が！！

オラたちは
ネルを捜さなきゃ
いけないんでヤンス！！

うわああん！！

もうイヤでヤンス！！
オラたちこんなこと
してる場合じゃ
ないんでヤンス～～～！！

・・・・・・・・・
！！！

わかってる！
ネルちゃんも捜すさ！
ここを脱出できたらすぐに！

ダメでヤンス！
すぐ捜さなきゃダメなんでダメなんでヤンス！！

ダメで感じるんでヤンス…
さっきから…
さっきからネルが怖がってるでヤンス……

ダメなんでヤンス…

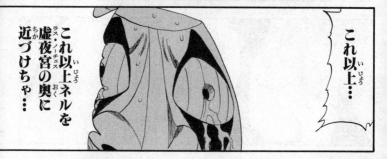

これ以上…

これ以上ネルを虚夜宮の奥に近づけちゃ…

何だァ？

なんでコイツが
こんな処に居んのかと
思ったら

てめえが連れて
来たのかよ？

…まァ
そのツラ
見る限りじゃ

コイツが何者かなんて
知らねェまんま
連れ回してんだろうがな

…どういう…

意味だよ
…………？

…知らねェなら
教えてやるぜ

こいつは
ネル

ネリエル・トゥ・
オーデルシュヴァンク

元・

十刃だ

こいつは

ネリエル・トゥ・オーデルシュヴァンク

十刃だ

エスパーダ

元・

もと

290.Unleash The Beast

……元……

……十刃……？

そうだ！
何だ？
危険は無ェとでも
思ったか？

バカが！
てめェら全員
騙されてんだよ
こいつにな！

…あ？

ネルが……
十刃なんて……

そんなの
ありえないッス…

ウ…

ウソッス…
そんなの…

…ひ…

まさか忘れたとか言うんじゃねえだろうな？

ふざけてんのか？

何言ってんだお前？

わわ…
…忘れてなんか…
…ないっスよ…

だってネル…
十刃じゃないっスもん…

…ちっ

しばらく見ねぇ間に

違う意味でイラつく奴になったみてぇだな

つまんねぇよ

お前

当たり前だろ！

心配すんな
ネル

お前が
俺たちを
騙すワケ
無え！

一護…

俺たちは…

いちご!!!

はっ

どうも記憶を失くしてやがるみてえだが…

まァいいさ

あんだけハデに頭割ってやったんだ

記憶失くすのもしょうがねえって話だ

…待てよ

割ってやった…だと？

そうだ

ネルちゃん!!

こいつの頭は俺が割ってやったんだよ!!

やめろ!!!

黒崎くん!!

だから後ろから頭割って虚夜宮の外へ放り出してやったんだ

…ネルを放せ……

放せって言ってんだ!!!

うるせえんだよ!!!

291.Thank You For Defend Me

どうした!?

…懐かしい…

この霊圧は…

紛れも無い

ネル様の――…!

…ネル…？

**BLEACH291. Thank You For Defend Me**

…あれが…

…ネルちゃん…？

てめぇ………！

…ネル……

…お前…

ホントに
ネルなのか…？

はい

一護の
おかげで…

この姿に
戻ることが
できました…

一護が…
小さな私を
ずっと護りながら
ここまで連れて来て
くれたおかげです…

…少し
じっとしてて
下さい

お礼が
したいの

ま…
待てよ
ネル!!

お礼って…

お前まさか
あいつと戦う
つもりじゃ…

…大丈夫

## 292. Rupture My Replica

ノイトラ様!!!

く…

黒崎くん…!

ちょっと
待ってね…

すぐケガ
治す…

から…?

……ネル……

うわああぁ～～～くん！！！

ネルちゃ… ネルさんてば！！

黒崎くんほら 白目むいて…

黒崎 くーーん！！！

…バカが…

誰が女を放せっつったよ…？

も…申し訳…

ありません……

…どうした？

吸収した虚閃に
自分の虚閃を
上乗せして
喰らわせたのに…

なんでまだ
生きてるんだ？

そう思ってる
顔だぜ

確かに…
忘れてたぜ

"重奏虚閃"は
てめえの
個有技…

気をつけなきゃ
いけねえ
答だった…

だが
てめえも一つ
忘れてるぜ

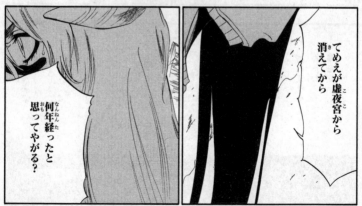

てめえが虚夜宮から
消えてから

何年経ったと
思ってやがる？

今の十刃の実力が

てめえの居た頃と同じだと思うな

ネリエル!!!

教えてやるよ
てめえの背中の数字が今は

何の意味も持たねえって事をな!

BLEACH292.

*Rupture My Replica*

あ…危ないところだったでヤンス？

バカヤロウ!!本物だ俺はっ!!

語尾疑問形になってんじゃねーか!!

自信ねーなら攻撃すんな!!

危ないドンドチャッカ!!

ぐほぁ!!

ムウッ!?

貴様…恋次によく似ている…!

てめえ…絶対わざとだろ…

何をしてるんだ君達は！

現時点で僕が把握した本物とクローンの相違点を伝えに来た！

聞け！

まず僕と阿散井君のクローンは目元以外にはわずかに頭髪の質くらいしか違いが無く判別し辛い！

この2種類は後に回そう！

次にドンドチャッカのクローンだが…

クローンは背中のまだら模様が無いんだ！

これは非常に判別しやすい！

まだらじゃないでヤンス！水玉って言ってほしいでヤンス～～～～！！

そして最後にペッシェのクローン！

これはさすがに皆気付いてると思うが…

見ての通り…

なにィ!!?

ニセモノはズボンをはいているんだ!!

ムウ…ッ！あまりにも違いが大きすぎて気付かなかった…！

今まで一体何を見て戦ってたんだ…

気付いていなかったのか…

ああっ！ホントだ!!

ホントでヤンス!!

しかしでけーミスだぜこりゃ…

そのでかいミスに気付かなかったのは誰だ？

あの野郎もしかしてバカなんじゃねぇか…？

バカではない

うぉぉう！
聞いてたのかよ!!

そいつらのフンドシと背中の斑点は僕の美感にそぐわなかったのでね…

排除したまでのことさ

クローンなのにてめえのシュミで服装変えるのがバカだっつってたんだ!!

斑点じゃないでヤンス!!
水玉でヤンス～～～!!

くっ!!

石田！
どうにもここでこの人数相手じゃ狭すぎる！
脱出するぜ!!

どうやって!?
脱出ならさっき失敗したろ!!

ちょっとな…
俺（おれ）に考（かんが）えが
あるんだ…！

卍解（ばんかい）!!

狒狒王蛇尾丸（ひひおうざびまる）!!!!

ばっ…
ここで今（いま）そんなもの
使（つか）ったら…

卍解（ばんかい）!!

卍解（ばんかい）!!

卍解（ばんかい）!!

卍解（ばんかい）!!
卍解（ばんかい）!!

卍解（ばんかい）!!

ズルッ ズルッ ズル ズル ズ

ふぅ…

思った通りだぜ…
俺のコピーだけあって
さっきからどうも
攻撃をマネされてる
気がしてたんだよなァ…

試しにと思って
卍解したら
やっぱりマネして
きやがった…

げほっ

ゴホッ！ゴホッ！

ごほっ

よォ！
生きてたか!!

どうだったよ
俺の頭脳プレーは!?

ホントに君は
何と言うか…

黒崎に
よく似てるな！

どこが!!

ハッ！よせよ！
一護の名前出されちゃ
ホメられてる気が
しねえぜ！

当たり前だ！
貶してるんだよっ!!

ドンドチャッカと
ペッシェは…

まァ
大丈夫だろう

あいつら結構
頑丈だからな

問題は
ザエルアポロだ

気をつけろ
あの野郎のことだ

絶対足元から
いきなりドカンと
くるぜ！

123

…やれやれ
………

不愉快だよ

僕の宮をこんなに
してくれちゃって…

藍染様に
何て言ったものか…

…止めよう
どうにもさ
つまらない
戦い方だと
思ってたんだ

…クローンが…！

僕が直接やろう

見せてあげるよ

この邪淫妃(フォルニカラス)の
本当(ほんとう)の力(ちから)をね

BLEACH

293. urge for unite

済まない

おや

聞こえなかった
みたいだね

ちっ…

ニセモノだっつっても
自分が破裂すんのを
見るのは
気分のいいモンじゃねえな
…

さて

お待たせしたね

お見せするよ

この邪淫妃の
本当の力をね

せっかくの心遣いを申し訳ないが…

生憎こっちは君の本当の力なんかに興味は無いんだ

お披露目は邪魔させて貰うよ

そういうこった!!

…申し訳ないのは
こちらの方さ

悪いが君達に
選択権は無い

鑑賞会は
強制参加だよ

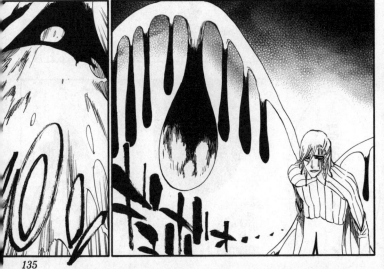

石田！
おい石田！
起きろ!!

う…

石田の
人形…!?

!?

は ぁ〜〜〜〜い

大丈夫か
オイ!?

意識は…

…大丈夫だ…

…耳元で
騒がないでくれ…

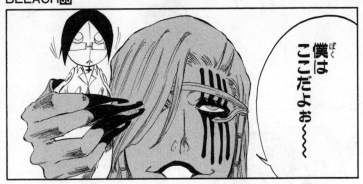

僕は
ここだよぉ～～

んん？

何って

返事を
しただけさ
君が
呼ぶもんだから

…何の…
真似だ…

御苦労さま
石田君

今をもって君の
「石田君」としての役目は
終わった

これからは

"彼"が
「石田君」
だ

何を…

！

つまり

"触られた感触"が

あったろ?

さっきの説明は
上手くなかった
かもしれない

簡単に言えば

これは

君の五感を支配する
コントローラーだ

こういう
ことだ

石田っ!!

何を…

してんだ
てめえ…

更に…

やめろ!!!

くそっ!!

まあいい

見えるかい？

ほら

この人形は
元々そういう
構造なんだ

腹を割ったら
本人も真っ二つに
なるとでも？

馬鹿め

何を
慌ててる？

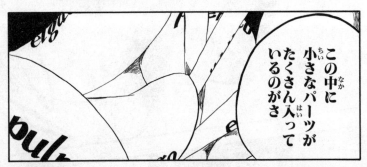

この中に
小さなパーツが
たくさん入って
いるのがさ

…ふん

"胃"か

こいつが
この人形の
楽しいところでね

カラフルで
綺麗だろう？
子供のおもちゃ
みたいでさ

…まあ君らの様な
馬鹿には
見せた方が早い

…それが
何だ？

ぐあっ!?

やれやれ…

少しからかっただけで
少し驚かせただけで
目の前以外が
見えなくなる

誰も
同じだな

まるで
子供だ

人間も死神も
滅却師とやらも
なにもかも

等しく
低劣

お前達が
藍染様に
滅ぼされることに
理由が
あるとすれば

それは

その低劣さが
罪なのだ

…何故剣を止めた？

あなたこそ

バカが

俺はてめえが
剣を止めるのが
見えたから
止めたんだ

…イラつくぜ
あの頃を
思い出す
てめえと
戦ってるとな

結局
てめえは

何も変わっちゃ
いねえんだ

あの頃から

何もな

…ネル…！

ま…待って黒崎くん！まだ…

ネルがやられてんだ…俺が…

助けてやらねえと…

**294. IF YOU CALL ME BEAST, KILL YOU LIKE TEMPEST**

くろ…

動くな

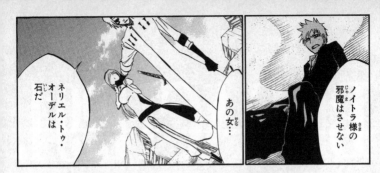

ネリエル・トゥ・オーデルは石だ

あの女…

ノイトラ様の邪魔はさせない

ノイトラ様の刃を阻む石は

全て破壊されなければならないのだ

ノイトラ様の手によって

# BLEACH294.

IF YOU CALL ME BEAST
KILL YOU LIKE TEMPEST

俺は決闘だと
言った筈だぜ…

最後まで
やれ…！

それは
止めを差すまでと
いうこと？

決まってんだろ…！

断るわ

一端の口を
利かないで

私達は一度
ヒトから虚になり

そして再び
破面として
理性を取り戻した

理性を持つ者は
戦いに理由が必要なの

あなたには
それが無い

よう

武器を担ぐのは
威嚇行動よ

強く見られたければ
隠して歩きなさい

…あなたに
関係ないわ

何か
捜しもんか？

162

仮面を…

無理矢理全部はがしたのね…

なんて事…

...てめえは
また
獣のやり口だと
言うだろうが...

知ったこっちゃ
無え

てめえの仕事は
終わった筈だぜ

...何か
用か？

ザエルアポロ

つれない事を言うね
同じ志の下
力を合わせた仲間
だろう？
結末くらい
見物させてくれよ

てめえなんぞと
志を同じくした
憶えは無え

志の一致は全て
利害の一致の上にしか
生まれないものさ

たまたま利害が
重なっただけだ

哲学ぶんな
へど吐が出る

てめえと俺の間にあるのは力じゃねえ

経験の差だ

てめえがその傷を癒して虚夜宮に這い戻って来る前に

俺はてめえを超えてやる

てめえの剣の

届かねえ高みまで——

行くぜ

## 295. The Last Mission

おや

僕の作った装置のお蔭でネリエルの隙をついた

命令口調は止してくれないか

もう十刃でも無えてめえにか？

男の口にする科白とも思えないね

…ちっ

…ソるね
見たことのない
現象だ

仮面に負った傷から
霊圧が流れ出て
霊体自体が収縮
したのか

或いは…

はっ!!

理屈なんか
どうでもいい!!

無様だなァ
ネリエル!!

ははははは
ははは!!!

…どうやら
これで
てめえと剣を
交えることも
無くなった

そこ
だけは

残念
だがな

…う…

記憶を…

…………

…………

失くしておられるのか……!!

騒ぐな!

ペペ…ペッシェ…!

…:::

…あたまいたいっス…

ネル様は死んだ

我々のとる道は一つだろう…

こうなれば

…だから…

ここに居るのは最早ネル様ではない

仮面を割られ力を奪われ記憶を失った

唯一残された

最後の使命……

**BLEACH295.** The Last Mission

…しつこい
男だな

これだけ色々
つぶしてるんだ

いい加減
意識を失っても
いい頃だぞ

はっ…

はっ

はっ…

はっ

う…

おおッ!!!

はっ…

はっ…

はっ…

言っているんだよ

しつこいと

ぐあッ!?

"左アキレス腱"を壊した

ここからは一つずつ体中の腱を切っていくことにするよ

ぐ…

内臓の方はそろそろ命に関わるんでね

う…

くそ…が…ッ

ほらほら

動かない
動かない

ぐああああ
あっ!?

最初に言ったろ？
君らをあまり傷付けたくないんだ

だから
せいぜい…
大人しく
してくれ…

…何の真似だ
この…

よっしゃ取ったァ——!!!

！

今だドンドチャッカ!!

バワバワを
出せ!!!

オウで
ヤンス!!

うぐぅ!!

なんで…

そいつがドンドチャッカの口から…?

パワパワはドンドチャッカが体内に飼っている戦闘用霊蟲の一つだ!

だがそのことはネル様にはお伝えしていない

我々に関する情報からネル様の記憶が戻ることを恐れたからだ!

ネル様は戦いを好まれなかった…

そのネル様がようやく戦いの輪廻から外れたのだ…

我々はネル様に戦いの記憶を思い出させたくなかった…

ただ静かにお守りすることこそが使命と考えた…

33 THE BAD JOKE (完)

CONTI
NUED
ON
BLEACH
34

# MODEL SHEET FOR BLEACH THE TV 2
## "THE BRANDNEW COMMANDER"

TVアニメ版「BLEACH」オリジナルストーリー

「新隊長・天貝繍助篇」の為に作った

キャラクターデザイン表です。

このシリーズは、映画ほどではありませんが

シナリオの初期段階に参加させて頂き、

とても貴重な経験となりました。

これを書いてる時点では

まだ脚本チェックの段階ですが

面白いものになりそうです。

僕も期待しつつ、放映を待ちたいと思います。

<ruby>霞<rt>かすみ</rt>大<rt>おお</rt>路<rt>おおじ</rt></ruby> <ruby>瑠<rt>る</rt>璃<rt>り</rt>千<rt>ち</rt>代<rt>よ</rt></ruby>

# 犬龍（犬崎劉聖）
けんりゅう　けんざきりゅうせい

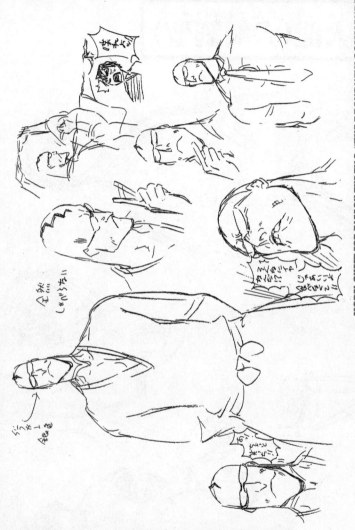

猿龍（猿猴川　流三郎）

■ジャンプ・コミックス

# BLEACH -ブリーチ-

## 33 THE BAD JOKE

2008年4月9日　第1刷発行
2010年11月13日　第7刷発行

著　者　久保帯人
©Tite Kubo　2008

編集　ホーム社
東京都千代田区一ツ橋2丁目5番10号
〒101-8050
電話　東京　03(5211)2651

発行人　鳥嶋和彦

発行所　株式会社　集英社
東京都千代田区一ツ橋2丁目5番10号
〒101-8050
　　　　　　　03(3230)6233(編集部)
電話　東京　03(3230)6191(販売部)
　　　　　　　03(3230)6076(読者係)
Printed in Japan

印刷所　図書印刷株式会社

ISBN978-4-08-874494-0　C9979